焼酎のつまみ

福山秀子

家の光協会

はじめに

福山秀子

日が暮れれば、わが家は一変して大衆酒場と相成ります。
なぜなら、老若男女、多くの友人がお酒を飲みに、ご飯を食べに集まってくるから。
わたし自身もさることながら、みんな大の酒好き。
そんななかで、値段も手ごろながら和洋中どんなおつまみにも合う焼酎は、
自然と登場回数が多くなります。
気楽に飲めて箸がすすむ。
この、晩酌のためにあるようなお酒、みなさんも馴染みが深いのではないでしょうか。
気の利いた肴があって、好きな焼酎があって、気をつかわない仲間と杯を傾ける。
あるいは食卓で家族とともに一杯、ときにはひとりでくつろぐこともあるでしょう。
こんな満ち足りた時間をよりいっそう楽しむ手助けになればと、
この本ではわたしが長年作り続けてきたおつまみの中から、
飲兵衛のお墨付きをこっそりお教えします。
といっても、お酒を飲むのですから、お料理はがんばりすぎず、ほどほどに。
それが晩酌の鉄則です。
ですから、お墨付きの中でも、手間をかけずに作れるものを中心に選びました。
旬の素材をちょこちょこっと、一、二品。
それだけで、十分立派な肴になります。
おつまみは基本的にしっかりした味なので、
当然ご飯との相性もよく、おかずにもなります。
夕暮れどき、今晩のお酒を考えながら、料理をする。
それはもう、楽しい晩酌の一部なのかもしれません。

目次

はじめに……2

春

たらの芽のみそ焼き……8
アボカドとかぶの葉の和えもの……9
うどの白煮……10
うどの皮のきんぴら……10
チコリの木の芽和え……12
和風とろろユッケ……14
ほたてのタルタル柚子こしょう風味……16
たけのことあさりのバター炒め……18
砂肝のみそ漬け揚げ……19
かつおのカルパッチョ……20
新たまねぎのシンプルサラダ……21
蒸し豚のトマトソース……22
黄にらのチャーハン……24
冷やしごまだれうどん……25

夏

クレソンのごまサラダ……28
トマトのコンソメゼリー寄せ……30
たこのバター蒸し……32
ジャンボピーマンの牛肉巻き……33
穴子のうざくもどき……34
すずきの切り昆布じめ……35
肉みその野菜スティック添え……36
ズッキーニの甘酢漬け……38
たたき長芋の梅昆布和え……39
エシャレットの浅漬け……40
鶏のこだわりから揚げ……40
タイ風さつま揚げ……42
梅じそのせ揚げそうめん汁……44
冷や汁……45

秋

なすの洋風浅漬け……48
もずく入り菊なます……49
豚ひき肉の品川巻き……50
あじのなめろう……51
鮭のレタス包み蒸し……52
長芋のチーズ焼き……54
しいたけの網焼き……55
チヂミ……56
ホットオイルサーディン……58
いかだんごの素揚げ……59
黒豚ばら肉と大根のみそ煮……60
ほうとう……62
きのこめし……64
ごぼうの梅煮……64

*本書では、1カップは200ml、大さじ1は15ml、小さじ1は5mlで、1合は180mlを基本としています。いずれも、すりきりの分量です。

冬

かきの辛煮……68
白子のみそ漬け……69
即席からしれんこん……70
ゆり根のしょうゆ炒め……71
里芋といかのわた煮……72
小松菜のからし和え……72
渡りがにの中華炒め……74
ラフテー……76
じゃがいものアンチョビー炒め……78
ブルーチーズと生ハムの包み揚げ……80
牛すじの煮込み……82
白菜の中華風クリーム煮……84
みぞれそば……86
芋がゆ……87

焼酎いろいろ……88
おいしい飲み方指南……90
酒器のはなし……92
つまみ索引……94

春

三寒四温。
まだ寒さが残るころ、
ほろ苦い山菜や淡い色の野菜が
季節の訪れを告げます。
繊細な香りを持つこれらの素材は、
香り豊かながら主張しすぎない
焼酎によく合うものです。
日本の春の風物詩、お花見も
ちょうどこの時季。
旬の素材を使った料理を肴に
焼酎をなめる、この至福のときを
お楽しみあれ。

春を感じさせる、
山菜のほろ苦さ

1　みそとみりんを溶き合わせる。

2　たらの芽は、よく洗って水けを拭く。下のかたい部分を切り落とし、はかまを取る。

3　②を並べて串を打ち、コンロの上に焼き網をのせ、強火の遠火で焼く。焼けた面を上にして①を塗り（写真）、もう一方の面を焼く。

指で、焼けた面にたっぷりとみそを塗る。

材料（2人分）

たらの芽（若いもの）
………6本

みそ………大さじ1強

みりん………小さじ1強

たらの芽のみそ焼き

アボカドとかぶの葉の和えもの

クリーミーなのにさっぱり、が後をひく

1　かぶの茎は5ミリ幅に切って塩をし、しんなりしたら軽くもんで（写真a）絞る。アボカドは種を取って皮をむき、ざく切りにし、ボウルに入れてレモンの搾り汁を加える。

2　①のかぶの茎とアボカドを合わせ、手でアボカドをつぶすように混ぜ合わせる（写真b）。Aで味をととのえる。

＊アボカドは指で押してへこむぐらいが食べごろ。割ってみて、少々色が悪くても大丈夫。

材料（2人分）

アボカド（小）………1個

かぶの茎………1個分

塩………小さじ½

レモンの搾り汁………少々

A
- 薄口しょうゆ………ほんの少々
- 塩………少々

塩をしてもみ込むことで、鮮やかなグリーンに。

ぐちゃぐちゃと、手で大胆に混ぜる。

うどの白煮

だしをたたえた、
上品な味わい

1　うどは3センチの長さに切って皮をむき（写真）、酢水（分量外）に10分さらす。酢水ごと鍋に入れて火にかけ、やわらかくなるまでゆで、冷水に放す。
2　鍋にうどとAを入れ、5～6分弱火でコトコトと煮る。

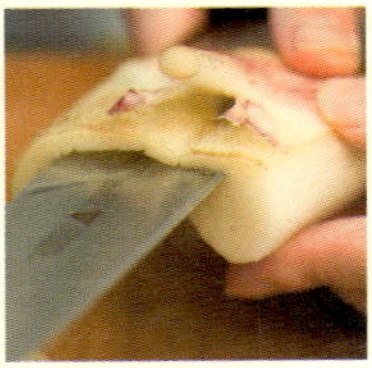
すじを残さず、厚めに皮をむくと口当たりがよくなる。

材料（2人分）
うど………½本
A
- だし………1カップ
- 塩………小さじ½
- 薄口しょうゆ………少々
- みりん………小さじ1弱

うどの皮のきんぴら

うどの皮は捨てない。
乙なきんぴらになるから

1　うどの皮は、繊維に沿ってせん切りにする。Aは合わせておく。
2　フライパンにごま油を熱し、うどの皮を炒める。Aを回しかけ、強火で手早く、汁けがなくなるまで炒める。好みで一味唐辛子をふる。

材料（2人分）
うどの皮………½本分
ごま油………小さじ1
A
- 砂糖………小さじ⅔
- しょうゆ………大さじ¾
- 酒………大さじ1

一味唐辛子………適宜

チコリの木の芽和え

春ならではの
色と香りを堪能する

1　ほうれん草は色よくゆがいて、包丁で細かくなるまでたたく。チコリは1枚ずつはがしておく。
2　すり鉢に木の芽と酢をほんの少少（分量外）入れてする。ほうれん草を加えて滑らかになるまですり、Aを加えてさらにする。
3　②で一口大のそぎ切りにしたチコリ（写真）をさっくりと和え、できたてを食べる。

色と香りを保つため、素早く作業し、すぐに食べる。

材料（2人分）
チコリ（大）………1個
木の芽（小）………10枚
ほうれん草の葉………5枚分
A
- 西京みそ………大さじ2
- 酢………大さじ1弱
- 塩………少々

和風とろろユッケ

ちょこちょことつまみたい、
ぜいたくな肴

1　牛肉は包丁で細かくたたき（写真）、塩をすり込む。
2　山芋は皮をむいてすり鉢ですりおろし、Aを少しずつ加え、すりこ木で当たりながらのばす。
3　器に②を注ぎ、①をのせる。

包丁でたたくとほどよい歯ごたえが残る。

材料（2人分）
たたき用牛肉………100g
山芋………100g
塩………少々
A 薄口しょうゆ………大さじ1
A だし………大さじ3
A 酒………小さじ1

ほたてのタルタル 柚子こしょう風味

きりっと冷やした焼酎を添えたくなる

1　鍋に酒を入れて火にかけ、煮立ったら、ほたてをさっと通して霜降りにする（写真）。

2　①を包丁で粗くたたき、柚子こしょう、オリーブオイルを加えてさらにたたき、塩で味をととのえる。

材料（2人分）
- ほたて貝柱（生）………6個
- 酒………½カップ
- 柚子こしょう………小さじ½
- オリーブオイル………小さじ1
- 塩………少々

表面が白っぽくなったらすぐに取り出す。

たけのことあさりのバター炒め

たけのこは、煮ものに
飽きたら炒めてみる

1　たけのこは食べやすい大きさに切る。

2　フライパンにオリーブオイルを熱し、バターを入れる。あさりのむき身を炒め、酒をふる。たけのこを加えて強火で手早く炒め、塩、こしょうで味をととのえる。

材料(2人分)
ゆでたけのこ………150g
あさりのむき身………½カップ
オリーブオイル………小さじ2
バター………小さじ1
酒………大さじ1
塩、こしょう………各少々

砂肝のみそ漬け揚げ

冷めても、そして
どんな焼酎とでもいける

1　Aを混ぜ合わせたみそ床に、食べやすい大きさに切った砂肝を入れてよくもみ（写真）、1時間ほど漬け込む。

2　砂肝を取り出し、ペーパータオルでみそを拭いて170度の油で揚げる。

材料（2人分）

砂肝………100g

A
- みそ………½カップ
- みりん………大さじ2
- おろしにんにく………½片分
- おろししょうが………½片分

揚げ油………適量

味をなじませるように、しっかりともみ込む。

かつおのカルパッチョ

がぶりと勢いよく食べたい

1　かつおは、1センチ幅のそぎ切りにする。Aを合わせ混ぜ、ドレッシングを作る。

2　皿にかつおを盛り、食べる直前にドレッシングをかける。

＊にんにくは、好みで量を加減する。

材料（2人分）

かつお（刺し身用）………200g

A
- おろしたまねぎ………大さじ3
- おろしにんにく………小さじ⅓
- レモンの搾り汁………大さじ1
- 薄口しょうゆ………大さじ⅔
- 塩………少々
- オリーブオイル………大さじ1

新たまねぎのシンプルサラダ

主役は、たまねぎの
甘さとみずみずしさ

材料（2人分）
新たまねぎ………1個
ケイパー………10粒
A
- レモンの絞り汁………小さじ2
- 酢………小さじ1
- 塩………小さじ⅔
- 薄口しょうゆ………ほんの少々
- オリーブオイル………大さじ1

1　たまねぎは薄切りにして（写真）、15分ほど水にさらし、ざるに上げる。ケイパーは粗く刻む。
2　Aを合わせて混ぜたドレッシングで①を和える。

ごく薄くスライスすると、味のなじみがよくなる。

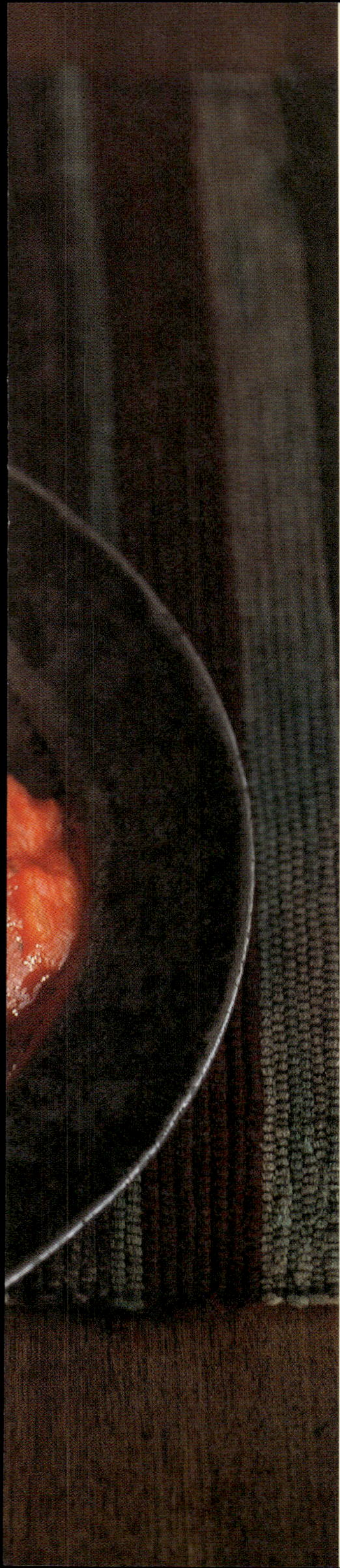

材料（作りやすい分量）

豚肩ロース肉（ブロック）………600g

A
- おろしにんにく………1片分
- おろししょうが………1片分
- 塩………小さじ⅔
- こしょう………少々

B
- ブイヨン………1カップ
- トマトピューレ………½カップ
- 酒………大さじ1

塩………適宜

＊たこ糸を用意する。

じんわりしみ出る肉汁を
芋焼酎で流し込む

1　Aを豚肉にすり込むようにまんべんなく塗り、たこ糸を巻いて成形する。少し深めの容器に入れて、蒸し器で40分ほど蒸す（写真）。

2　Bを合わせて鍋に入れ、弱火でとろみが出るまで煮つめ、味が薄ければ塩で味をととのえる。

3　①は粗熱が取れたら、たこ糸をはずして厚さ5〜6ミリに切って器に盛る。②のトマトソースを冷まして添える。

＊残ったら、焼き豚のようにラーメンやチャーハンにも使える。

うまみがたっぷりと溶け込んだスープは、煮込みのだしとして使える。

蒸し豚のトマトソース

黄にらのチャーハン

材料（2人分）

黄にら………2束（20g）

冷やご飯………2膳分

A ┌しょうゆ………大さじ3
　└酒………大さじ1

サラダ油………大さじ1～2

こしょう………少々

黄にらとしょうゆは、こんなにもよく合う

1　黄にらは5ミリ幅に切る。手水をして、ご飯をほぐしておく。

2　フライパンにサラダ油を熱し、黄にらをさっと炒め、別皿に取る。続けてご飯を炒める。

3　全体に火が通ったら、ご飯を端に寄せ、フライパンを傾け、あいたスペースをコンロの中心に持っていく。鍋肌に触れるようにAを入れて、香ばしくなるまで焼く（写真）。ご飯をかぶせるように戻し、黄にらを戻し入れ、均一に味がゆきわたるよう手早く炒め、こしょうをふる。

しょうゆを香ばしく焼くのが味つけのポイント。

冷やしごまだれうどん

材料（2人分）

稲庭うどん（乾麺）………200g

白ごま………1/2カップ

A
- だし………1カップ
- しょうゆ………大さじ3強
- 砂糖………小さじ1
- みりん………大さじ2/3

飲んだ後は、さらりとしたごまだれがいい

1　Aはさっとひと煮立ちさせ、冷ましておく。

2　ごまはしっかりきつね色に炒って、熱いうちにすり鉢でみそ状になるまでする。①を少しずつ加えながらのばす（写真）。

3　うどんはたっぷりの湯でゆで、冷水に放してもみ洗いし、ざるに上げて水けを切る。器に盛り、②のごまだれを添える。

＊手間はかかるが、炒りたてのごまの風味は格別。

みそ状だったごまが徐々に滑らかになる。

夏

暑い夏、冷たい焼酎の隣に似合うもの。
みずみずしい夏野菜、淡泊な魚介類、
こんがりとした揚げもの……。
梅干しや昆布で和える、香味野菜を加える、
冷たくしていただく、などの工夫で、
食欲もわき、お酒もすすみます。
一杯やった後は縁側で夕涼みするもよし、
ごろりと寝転んでみるのもまたよし。

クレソンのごまサラダ

ごま焼酎を合わせて
ごま尽くしにしても

1　クレソンは、2センチ幅に切る。たまねぎは2センチの長さの薄切りにし、水に15分ほどさらし、ざるに上げる。

2　ボウルにAを入れて混ぜ、オリーブオイルを加えてよく混ぜ、ドレッシングを作る。①を和えて器に盛り、ごまをたっぷりかける。

*味がぼけるので、野菜はしっかり水けを切る。

材料(2人分)

クレソン………1束

たまねぎ………¼個

白炒りごま………大さじ3

A
- レモンの搾り汁………大さじ1
- 酢………小さじ1
- 塩………小さじ⅔

オリーブオイル………大さじ1〜2

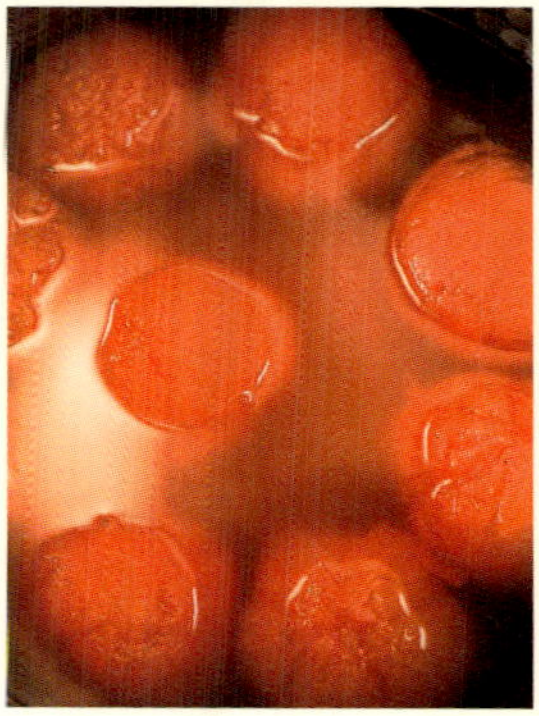

トマトのコンソメゼリー寄せ

甘酸っぱいトマトの風味が
意外にも米焼酎とマッチ

1　トマトは湯むきしてへたを取る。板ゼラチンは水でもどしておく。
2　鍋にトマト、Aを入れて火にかける。煮立ったら、弱火にして10分ほど煮る。もどした板ゼラチンを加え、鍋をゆすりながら板ゼラチンを溶かす。
3　粗熱が取れたら鍋ごと冷蔵庫に入れて冷やし固める。スプーンでそっとすくって（写真）器に盛る。

ゼリーはとてもやわらかいので、丁寧に扱う。

材料（2人分）
トマト（直径2～3cmのもの）
………4個
A
- ブイヨン………1カップ
- トマトピューレ………大さじ1½
- 酒………大さじ1

板ゼラチン………3枚

たこのバター蒸し

燻製のような香味で、焼酎がすすむ

1　たこは長さを二等分して、塩、こしょうをしておく。たまねぎは1センチ幅に切る。

2　小鍋にオリーブオイルを入れ、たまねぎを敷き、たこを並べ、バターをのせる。鍋にアルミホイルをかぶせてから（写真）、しっかりふたをし、弱火で30分蒸す。冷めたらぶつ切りにして器に盛る。

すき間のないようにアルミホイルをかける。

材料（2人分）
ゆでだこの足（大）………1本
塩、こしょう………各少々
たまねぎ………½個
オリーブオイル………小さじ1
バター………大さじ1

ジャンボピーマンの牛肉巻き

つまみはもちろん、
おかずにもなる一品

1　ジャンボピーマンはへたと種を取り、細切りにする。牛肉は広げて塩をし、茶こしで片栗粉をまんべんなくふり、ジャンボピーマンを数本のせ、くるくると巻く。
2　フライパンにオリーブオイルを熱し、①を炒める。ほどよく焦げ目がついてきたら、Aを回しかけ、フライパンをゆするようにして、汁けがなくなるまで炒める。
＊ジャンボピーマンを、きのこやアスパラガスに替えてもおいしい。

材料(2人分)
ジャンボピーマン(黄)
………½個
牛薄切り肉………100g
塩………少々
片栗粉………大さじ2
オリーブオイル
………大さじ1
A ┌しょうゆ………小さじ2
　└酒………大さじ1

穴子のうざくもどき

うなぎの酢のもの、「うざく」の穴子版

材料（2人分）
穴子（開いたもの）………1枚
きゅうり………1本
塩………小さじ½
A
- しょうゆ………小さじ2
- 砂糖………小さじ1
- 酒………小さじ1

B
- 酢………大さじ2〜3
- 薄口しょうゆ………小さじ1
- 砂糖………小さじ1
- 塩………少々
- だし………大さじ3

1　穴子は、長さを二等分して、Aに10分ほどつける。串を打ち（写真a）、はけでつけだれを両面に1回ずつ塗って、遠火でこんがりと焼く（写真b）。熱いうちに串を抜き、完全に冷めたら、1センチ幅に切る。

2　きゅうりは小口切りにして、塩をする。しんなりしたら、軽く混ぜて水けを絞る。Bと穴子を加えて、さっくりと混ぜる。

＊焼くのが面倒なときは、焼き穴子で作ってもよい。

a
穴子用の串がなければ竹串でもよい。

b
少し焦げ目がつくまで、しっかりと焼く。

すずきの切り昆布じめ

切り昆布で手軽に作る、
夏の味覚

1　すずきは並べて、塩、酒をふる。切り昆布は水で好みのかたさにもどし、ざるに上げておく。

2　ラップを広げて昆布の半量を敷き、すずきをのせて残りの昆布をかぶせ、ラップで包んでまとめ（写真）、軽く重石（本1冊ぐらいの重さ）をして、冷蔵庫で1～2時間寝かせる。

すずきが昆布に覆われるように包む。

材料（2人分）
すずき（刺し身用）………約10切れ
切り昆布………⅔カップ
塩、酒………各少々

肉みその野菜スティック添え

長ねぎは、たくさん入れたほうがおいしい

材料（作りやすい分量）
豚ひき肉………100g
みそ………⅔カップ
長ねぎ………½本
サラダ油………大さじ2
A 砂糖………大さじ1
A だし………½カップ
大根………適量
きゅうり………適量
にんじん………適量

1 長ねぎは小口切りにする。大根、きゅうり、にんじんは食べやすいスティック状に切る。

2 フライパンにサラダ油を熱し、長ねぎ、ひき肉の順で炒め、肉の色が変わってきたら、みそを加えてさらに炒める。みそが香ばしくなってきたら、Aを回し入れ、汁けがなくなるまで炒める。

3 ①の野菜スティックに②の肉みそをつけて食べる。

ズッキーニの甘酢漬け

揚げたズッキーニのこくが冴える和風ピクルス

材料(2人分)
ズッキーニ………1本
A
- だし………½カップ
- 酢………大さじ2
- 砂糖………小さじ1
- 塩………小さじ½
- しょうゆ………小さじ2

揚げ油………適量

1　Aを合わせておく。ズッキーニは、1・5センチ幅に切る。
2　ズッキーニを180度の油できつね色に揚げ、すぐにAに漬け、冷蔵庫に1時間ほど寝かせて味をなじませる。
*揚げたてを漬けることで味のしみ込みがよくなる。

たたき長芋の梅昆布和え

あっさりとした素材が
暑い夏に涼を添える

1　Aはまな板の上で合わせて、包丁で細かくたたく。長芋は皮をむいて酢水（分量外）に15分さらし、ざるに上げる。

2　ポリ袋に①を入れ、すりこ木でたたく（写真）。食べやすい大きさになったらボウルに移し、混ぜる。器に盛って、とろろ昆布を天盛りにする。

材料（作りやすい分量）

長芋………100g

A
- 梅肉………大さじ3
- 切り昆布………¼カップ
- 薄口しょうゆ………小さじ1
- 砂糖………小さじ½

とろろ昆布………大さじ3

ポリ袋に入れてたたくと、
周りを汚さずに砕ける。

エシャレットの浅漬け

シンプルなものこそ、
おいしい塩を使って。

1　エシャレットはたてに二つ割りにして塩をし、バットなどの容器に並べる。ラップをして重石をのせ（写真）、2〜3時間おく。

2　しんなりしたら水けを切ってAに漬け、冷蔵庫で30分寝かせる。

＊塩を多めにして冷蔵庫で保存すれば日持ちする。

漬けもの器がなくても、身近なもので代用できる。

材料（作りやすい分量）

エシャレット………3束

塩………大さじ1

A ┌だし………⅔カップ
　└酒………小さじ1

鶏のこだわりから揚げ

濃厚な芋焼酎と合わせたら、
右に出るものなし

材料（2人分）

鶏もも肉………200g

にんにく………½片

しょうが………½片

長ねぎ………¼本

A ┌しょうゆ………大さじ1
　│薄口しょうゆ………大さじ½
　└酒………大さじ½

だし………大さじ3

片栗粉………適量

揚げ油………適量

だしをもみ込むと肉がジューシーに仕上がる。

1　鶏肉は食べやすい大きさに切る。にんにく、しょうがはすりおろし、長ねぎは粗みじん切りにする。

2　①とAをボウルに合わせ、手で軽くもみ10分おく。だしを加えてさらにもみ（写真）、水けを切って手早く片栗粉をつける。

3　170度の油で2分揚げ、一度取り出す。油の温度を180度に上げて鶏肉を戻し、からりときつね色になるよう、二度揚げにする。

タイ風さつま揚げ

泡盛を飲むなら、
ぜひともこしらえたい

1　さやいんげんは、すじを取って5ミリ幅に切る。

2　ボウルにすり身、①、鷹の爪、酒を入れて混ぜ合わせる。

3　手に水をつけて、小判形に成形し（写真）、175度の油できつね色に揚げ、Aをつけて食べる。

＊市販のすり身には、塩や卵白が含まれているので、そのまま揚げる。

材料（2人分）

白身魚のすり身（市販）………200g

さやいんげん………2本

鷹の爪（みじん切り）………小さじ1/3

酒………大さじ1

A ┌トマトケチャップ………大さじ1
　└チリパウダー………少々

揚げ油………適量

揚げると膨らむので、平たく形づくる。

梅じそのせ揚げそうめん汁

昼のそうめんの残りを使ってもよし

材料（2人分）
そうめん………2束
梅肉………大さじ2
大葉………5枚
A
- だし………3カップ
- 塩………小さじ½
- 薄口しょうゆ………大さじ1
- 酒………大さじ1
- みりん………大さじ1

サラダ油………適量

1　Aを合わせ、ひと煮立ちさせる。
2　大葉は粗みじん切りにし、梅肉と合わせて包丁でたたく。
3　そうめんはたっぷりの湯でゆで、冷水に放してもみ洗いし、ざるに上げて水けを切っておく。
4　フライパンにサラダ油を深さ1センチほど入れて熱し、③を広げて入れる。表面がきつね色になるまで揚げ焼きにして（写真）油を切り、器に盛る。熱々の①を注ぎ、②を天盛りにする。

こんがりと焼き目をつけて、
そうめんをまとめる。

材料(2人分)
だし………2カップ
みそ………大さじ3
あじ………1尾
きゅうり………1本
みょうが………2個
大葉………5枚
塩……少々
しょうがの搾り汁………1片分
冷やご飯………2膳分

冷や汁

二日酔いの朝にもいける
喉ごしのよい宮崎の味

1　鍋にだしを煮立たせてみそを溶き入れ、火から下ろして冷ます。
2　あじは網焼きにして、頭と骨を取って身を細かくほぐす。
3　きゅうりは小口切りにして塩をし、しんなりしたら水けを絞る。みょうが、大葉はせん切りにする。
4　すり鉢に②を入れてすり、滑らかになったら①を加えてのばす。きゅうり、みょうがの半量、大葉、しょうがの搾り汁を加えて混ぜ、しっかり冷やす。
5　器にご飯をよそい、④をかけ、残りのみょうがを散らす。

秋

日が短くなるにつれ、
だんだんとやってくる実りの秋。
たっぷりとうまみがつまった山海の幸。
色も深くなり、重みも増してくる野菜たち。
うまみと滋養に満ちた素材を堪能するには、
手をかけすぎず、抜きすぎず。
そんな料理はなんだか見た目もおいしそう。
やっぱり今夜は焼酎に決まりです。

ありそうでなかった、
サラダのような漬けもの

1　なすは皮をむいて水にさらし、ざるに上げ、水けを絞る。
2　エシャレットは2ミリ幅の小口切りにし、オリーブは厚さ3ミリの輪切りにする。
3　フライパンにオリーブオイルを熱し、エシャレットを炒める。香りが立ってきたら、オリーブと漬け汁、ブイヨンを加え、煮立ったところで塩で味をととのえ、火を止めて冷ます。なすを入れて30分ほど漬け、レモンの搾り汁を加える。

材料（2人分）
なす………4本
エシャレット………4本
オリーブ（小）………½カップ
オリーブオイル
………大さじ2
ブイヨン………1カップ
塩………少々
レモンの搾り汁………少々
＊オリーブは漬け汁を含んだ量。

なすの洋風浅漬け

もずく入り菊なます

秋の夜長は、
気の利いたつまみで
ちびちびと

1　菊は花びらを摘んでさっとゆで、冷水に放し、ざるに上げる。もずくはさっと湯通しして、ざるに上げ、ざく切りにする。

2　Aを合わせて①を和える。

材料(2人分)
食用菊………1パック
もずく………½カップ
A
- だし………½カップ
- 薄口しょうゆ………大さじ⅔
- レモンの搾り汁………大さじ1
- みりん………小さじ1

材料（2人分）
豚ひき肉………150g
長ねぎ………5cm
しょうが………1片
白ごま………½カップ
A
薄口しょうゆ………大さじ¾
酒………小さじ2
卵白………⅓個分
片栗粉………小さじ2
こしょう………少々
焼き海苔………適量
卵白………適量
揚げ油………適量

豚ひき肉の品川巻き

品川巻きとは、
海苔を巻いた
おせんべいのこと

1　長ねぎ、しょうがはみじん切りにする。ごまはきつね色になるまで炒って、すり鉢で五分ずりにする。
2　ボウルにひき肉、長ねぎ、しょうが、Aを入れて混ぜ合わせる。
3　6センチ×9センチほどに切った焼き海苔の端に②をのせてくるくると巻き（写真）、巻き終わりを卵白で留める。
4　③を175度の油で揚げて、熱いうちにごまの中を転がしてまぶす。
＊熱いうちでないとごまがつかない。

仕上がりが細くなるように
巻く量を加減する。

これさえあれば、
何杯でも飲めてしまいそう

1　あじはぜいごを取り、三枚におろしてざく切りにする。Aはみじん切りにする。

2　まな板の上で、あじ、A、みそ、酒をまとめ、出刃包丁でたたき込む（写真）。

＊あじは刺し身でもかまわないが、鮮度のよいものを選ぶ。

材料（2人分）
あじ（中）………1尾
A
- みょうが………1個
- 大葉………2枚
- 長ねぎ………6cm
- しょうが………1片

みそ………大さじ1～2
酒………大さじ1

味がゆきわたるように均等にたたく。

あじのなめろう

鮭のレタス包み蒸し

見た目も色鮮やかな、
ごちそうつまみ

1 鮭は塩、こしょうをしてレタスで包む(写真)。蒸気の上がった蒸し器に並べ、強火で8〜10分蒸す。

2 鍋にブイヨンを入れて煮立たせ、Aを順に加え、しっかり塩味をきかせるように味をととのえる。

3 皿に①を盛り、②をかける。

材料(2人分)

鮭の切り身………2切れ
レタスの葉………2枚
塩、こしょう………各少々
ブイヨン………1カップ
A 白ワイン………大さじ1
A 塩………小さじ⅔
A こしょう………少々

風呂敷包みの要領で、レタスで鮭を包み込む。

長芋のチーズ焼き

長芋のシャリシャリが消えぬよう、さっと揚げる

1　長芋は皮をむき、1・5センチ角の拍子木切りにする。185度の油でなるべく短時間できつね色に揚げ、塩をふる。

2　耐熱皿に①を広げてチーズを散らし、グリルでチーズが溶け、きつね色になるまで焼く（写真）。

グリルをオーブン代わりにして直火で焼きつける。

材料（2人分）
長芋………150g
ピザ用チーズ………⅔カップ
塩………少々
揚げ油………適量

しいたけの網焼き

材料（2人分）
- 生しいたけ………6枚
- 大根………1/4本
- 黄柚子の皮………1/4個分
- A しょうゆ………小さじ1/2
- A 酒………大さじ1
- ポン酢………適量

しいたけは、ちょっと
焦げたくらいがよい

1 しいたけは網にのせ、Aをはけで塗りながら両面を香ばしく焼き、食べやすい大きさに裂く。

2 大根は皮をむき、半分をふつうのおろし金で、もう半分を鬼おろしで（写真）おろす。黄柚子の皮はせん切りにする。

3 ①と軽く水けを絞った大根おろしを和えて器に盛り、黄柚子を散らし、食べるときにポン酢をかける。

鬼おろしを使うと、ほどよい歯ごたえが楽しめる。

チヂミ

材料（4枚分）
白菜キムチ………⅔カップ
大葉………10枚
長ねぎ………10cm
にら………½束
いかの足………1ぱい分
豚ばら薄切り肉………5枚
A
- チヂミ粉………1カップ
- 水………1カップ
- 卵………½個

B
- 豆板醤………大さじ1
- みそ………⅓カップ
- 砂糖………小さじ1
- みりん………大さじ1
- だし………⅓カップ

サラダ油………適量

好きなものを
好きなだけ入れて焼き上げる

1　キムチはざく切り、大葉はせん切り、長ねぎは粗みじん切り、にらは4センチの長さに切る。いかはゆがいて2センチの長さに、豚肉はざく切りにする。

2　Bを合わせて混ぜ、つけだれを作る。

3　ボウルにAを入れ、滑らかになるまで混ぜ合わせ、①を加えてさらに混ぜる。

4　フライパンにサラダ油大さじ1を熱し、③をおたま2杯分入れて平らに広げ、両面をきつね色に焼く。これを4回くり返す。器に盛り、つけだれを添える。

ホットオイルサーディン

材料(作りやすい分量)
オイルサーディン………1缶
にんにく………1片
レモン………適量
こしょう………少々

にんにくの香りが移ったオイルが、おいしさの秘訣。

気取らず、
缶のまま食べるのが
断然おいしい

1　オイルサーディンのふたを八分どおり開け、フライパンにオイルを移し入れる。にんにくを薄切りにしてフライパンに加えて熱し、きつね色になるまで炒める。

2　オイルサーディンにこしょうをふり、にんにくをオイルごと缶に戻し(写真)、焼き網にのせて火にかけ、ふつふつするまで煮る。レモンを搾り、熱々を食べる。

いかだんごの素揚げ

淡泊な味つけにして、
プリプリとした食感を楽しむ

1　するめいかはわたを除き、皮をむいてざく切りにし、Aとともにフードプロセッサーにかけ、滑らかにする（写真）。

2　①を直径約3センチほどに丸め、180度の油できつね色に揚げ、塩をふって熱々を食べる。

材料（2人分）

するめいか（胴）
……1ぱい分

A
- 卵白……½個分
- 片栗粉……小さじ2
- 酒……大さじ1
- 塩……少々

塩……適量

揚げ油……適量

いかは滑らかになると、表面につやが出てくる。

黒豚ばら肉と大根のみそ煮

こんがりとついた焼き目が
食欲をそそる

1　豚肉はざく切りに、大根は皮をむいて厚さ1センチの半月切りにする。フライパンにオリーブオイルを熱し、大根の表面にしっかり焼き色がつくまで中火で焼く（写真）。

2　鍋にだしと大根を入れて火にかける。煮立ったら火を弱め、豚肉、酒を入れ、大根がやわらかくなるまでコトコトと煮る。みそを溶かし入れ、さらに弱火で15分ほど煮る。

材料（2人分）
黒豚ばら薄切り肉………200g
大根………½本
オリーブオイル………大さじ3
だし………4カップ
酒………大さじ1
みそ………⅓カップ

中火でじっくり焼くと、きれいに焼き目がつく。

ほうとう

お酒の後なので、
あっさりした具を中心に

1　大根、にんじんは皮をむいて、それぞれ厚さ5ミリのいちょう切りと厚さ3ミリの半月切りにする。こんにゃくは手でちぎって下ゆでする。ごぼうは包丁で皮をこそげ、厚さ3ミリの斜め切りにして10分ほど水にさらす。

2　鍋にだし、①を入れて具に火が通るまでコトコトと煮る。みそを溶き入れ、ほうとう、1センチ幅の小口切りにした長ねぎを入れて2〜3分煮る。器に盛り、好みで一味唐辛子をふる。

材料(2人分)
ほうとう(乾麺)
………適量
大根………5cm
にんじん………1/3本
こんにゃく………1/4枚
ごぼう………1/4本
長ねぎ………1/3本
だし………3カップ
みそ………1/3カップ
一味唐辛子………適宜

きのこめし

山の恵みを
ぜいたくに味わう、
香る混ぜご飯

1　米をといでざるに上げ、30分ほどおく。
2　しめじ、まいたけは小房に分ける。えのきたけは2センチの長さに、しいたけは細切りに、油揚げはみじん切りにする。
3　②のきのこをAでさっと煮てざるで濾し、具と煮汁を分けておく。
4　炊飯器に①、③の煮汁、油揚げ、Bを入れ、だしを2合の目盛りまで注ぐ。炊き上がったらきのこを入れて（写真）蒸らし、混ぜる。

材料（2人分）
しめじ………½パック
まいたけ………½パック
えのきたけ………½袋
生しいたけ………4枚
油揚げ………1枚
米………2合
A ┌ だし………1カップ
　│ 薄口しょうゆ………大さじ1
　└ 酒………大さじ1
B ┌ 薄口しょうゆ………小さじ1
　│ 塩………少々
　└ 酒………大さじ1
だし………適量

きのこは蒸らすときに加え、
うまみと香りを生かす。

ごぼうの梅煮

薄味で
香り豊かに仕上げ、
ご飯のお供に

1　ごぼうは包丁で皮をこそげ、3センチの長さに切り、10分ほど水にさらしてざるに上げる。
2　鍋にA、①、ちぎった梅干しを種ごと入れ、弱火でごぼうがやわらかくなるまで40分ほど煮る。

材料（作りやすい分量）
ごぼう（小）………1本
梅干し………1個
A ┌ 昆布だし………1カップ
　│ しょうゆ………小さじ1
　└ 酒………大さじ1

冬

お湯割りが恋しくなってくる冬の日。
今日は、芋焼酎にでもしましょうか。
じんわり味がしみた煮ものに
ちょっとした魚介でもあれば、
もう言うことはなし。
まだ日が暮れないうちから
飲んでしまいたい、
そんな気にさせる小春日和。
それはまた、焼酎日和でも
あるのかもしれません。

かきの辛煮

材料（作りやすい分量）

かきのむき身………200g

A
- しょうゆ………大さじ3
- 酒………大さじ3
- 砂糖………小さじ1
- だし………1カップ

ストレートで飲みたくなる、
しっかりした味

1　かきはボウルに入れて砂糖ひとつまみ（分量外）をふり、指先で手早くかき混ぜ、ざるに上げる。流水の下でふり洗いし、汚れとぬめりを取り、水けを切る。

2　①を表面がやや白っぽくなるまでさっとゆがき、ざるに上げる。

3　鍋にAを入れて煮立たせ、②を入れる。1分煮て火を通し、網じゃくしでひき上げ、別皿に取る。

4　煮汁を煮つめ、③を戻し（写真）、からめるようにさっと煮る。

縮んでかたくならないよう、
かきは煮すぎない。

白子のみそ漬け

材料（作りやすい分量）
たらの白子………100g
A
- みそ………1カップ
- みりん………⅓カップ

＊ガーゼを用意する。

これこそ
飲兵衛のためのつまみ

1　白子は余分な脂や汚れを取り除き、すじや血をキッチンばさみで切り取って、一口大に切る。ボウルに氷水を用意し、塩少々（分量外）を加える。白子を沸騰した湯にさっとくぐらせ、網じゃくしでひき上げ、氷水に取る。冷めたら、水けを拭く。
2　Aを混ぜ合わせ、⅓を平らな容器にゴムべらでのばし、ガーゼを敷いて白子を並べる。ガーゼでふたをし、残りのみそを平らにかぶせる（写真）。4〜5日冷蔵庫で寝かせる。
＊白子は鮮度のよいものを選ぶ。

白子はデリケートなので慎重に扱う。

即席からしれんこん

材料(2人分)
れんこん(中)………1節
オリーブオイル………小さじ1
バター………大さじ1
A しょうゆ………大さじ1強
砂糖………小さじ1
酒………大さじ1
溶きがらし………大さじ1

からしとバター、
意外そうで絶妙な
組み合わせ

1　れんこんは皮をむき、厚さ5ミリの輪切りにして酢水（分量外）に10分ほどさらしてざるに上げる。Aは合わせておく。

2　フライパンを熱し、オリーブオイル、バターの順に入れ、バターが溶けたられんこんを炒める。透き通ってきたらAを回しかけ、たれをからめるように軽く炒める（写真）。

たれをとろりとからめ、香ばしく焼く。

ゆり根のしょうゆ炒め

シンプルだからこそ、
素材のうまみが生きる

1　ゆり根は1枚ずつはがしておく。Aは合わせておく。

2　フライパンにオリーブオイルを熱し、ゆり根を炒める。透き通ってきたらAを回しかけ、味をからめるようにさらに炒める。

材料（2人分）
ゆり根（小）………1個
オリーブオイル
………大さじ1
A ┌しょうゆ………大さじ1
　└酒………大さじ1

里芋といかのわた煮

いかわたの深みに負けない
重い焼酎を選びたい

1　いかはわたを傷つけないようにはずし、酒をふっておく。胴は輪切りに、足は先を切り落とし、食べやすい大きさに切る。里芋は皮をむく。

2　鍋に里芋とAを入れて、煮立ったらわたをしごき出すようにして入れる（写真）。いかを加えて1分ほど煮、火が通ったら別皿に取り出す。

3　里芋に火が通り、味が入るまで煮つめたら、いかを戻し、からめるようにさっと煮て火を止める。

＊いかは、煮すぎると黒くかたくなるので注意する。

いかわたは、むだのないよう丁寧にしごき取る。

材料（2人分）
里芋（小）………8個
するめいか（小）………1ぱい
酒………大さじ1
A
- だし………2カップ
- しょうゆ………大さじ2
- 砂糖………小さじ1～2
- みりん………大さじ1

小松菜のからし和え

からしを加えると
ピリッと味がしまる

1　たっぷりの湯に塩ひとつまみ（分量外）を入れて小松菜をゆで、水に放す。軽く水けを絞って3センチの長さに切る。

2　鍋にはまぐり、酒を入れ、ふたをして酒蒸しにする。完全に口が開いたら20秒おいて火を止め、ふたをしたまま冷まし、殻をはずす。

3　Aで①、②を和え、冷蔵庫に30分ほど入れて味をなじませる。

材料（2人分）
小松菜………⅓束
はまぐり………8個
酒………⅓カップ
A
- だし………⅔カップ
- 薄口しょうゆ………大さじ1
- 酒………小さじ1
- 溶きがらし………大さじ⅔

渡りがにの中華炒め

かにの足を
しゃぶりつくすのが
正しい食べ方

1　Aはそれぞれみじん切りにする。Bは合わせておく。

2　中華鍋にサラダ油を熱し、にんにく、しょうがを炒める。香りが立ってきたら、かにを入れて炒め、塩、こしょうをし、さらに炒める。

3　火が通ってきたら鶏がらスープを入れ、みりん、しょうゆで味をととのえ、Bを回し入れてとろみをつける。ねぎを散らしてさっとひと混ぜし、火を止めてオイスターソースを回しかけ、さっくりと混ぜる。

材料(2～3人分)

渡りがにの足………300g

A
- にんにく………1片
- しょうが………1片
- 長ねぎ………½本

サラダ油………大さじ3

塩、こしょう………各少々

鶏がらスープ………1カップ

みりん………大さじ1

しょうゆ………少々

B
- 片栗粉………大さじ2
- 酒………大さじ3

オイスターソース………小さじ2

ラフテー

こってり濃厚な味は
やはりこってりした焼酎と

1　豚肉は5センチ角に切って、たっぷりの水とおからで（写真）5～6時間煮てやわらかくし（圧力鍋なら1時間が目安）、お湯で丁寧に洗う。
2　鍋に①とAを入れ、30分ほどコトコトと煮る。砂糖を加えて10分、さらにしょうゆを加えて3分煮る。火を止めて冷まし、味を入れる。
3　長ねぎは中を抜いて3センチの長さに切って、繊維に沿ってせん切りにし、水に10分ほどさらす。ざるに取って、流水の下で軽くもむ。水けを絞って白髪ねぎを作る。
4　②をさっと温め、器に盛り、煮汁をかけて、③を天盛りにする。
＊時間がかかるので、まとめて作って冷凍しておくとよい。

材料（作りやすい分量）
豚ばら肉（ブロック）………1kg
おから………2カップ
A ┌鶏がらスープ………1カップ
　└泡盛………⅔カップ
砂糖………大さじ3～4
しょうゆ………大さじ4
長ねぎ（白い部分）………1本分

おからは、肉をやわらかくし、くさみを取る。

じゃがいものアンチョビー炒め

わが家のお客さんの一番人気

1　じゃがいもは皮をむき、細いせん切りにして、10分ほど水にさらす。水を替えてから、水けをペーパータオルでしっかり拭く。

2　フライパンにオリーブオイルを熱し、アンチョビーを炒め、じゃがいもを入れてさらに炒め、塩、こしょうで味をととのえる。箸で広げて平らにし、色づいたらフライ返しで返して（写真）、両面をカリッときつね色になるまで焼く。

＊スライサーで薄切りにしてから、せん切りにしてもよい。

焼けたところから少しずつ返していく。

材料（2人分）
じゃがいも（中）………3個
アンチョビーのみじん切り
………大さじ1
オリーブオイル………大さじ1
塩、こしょう………各少々

ブルーチーズと生ハムの包み揚げ

濃厚なチーズには
フルーティーな焼酎を

1　生ハムの中央にブルーチーズを小さじ½ほどのせ、風呂敷の要領で包んだものを、さらにワンタンの皮にのせ、茶巾に絞って（写真）中央にAをつけてまとめる。

2　①を170度の油できつね色に揚げる。

皮の四隅を花びらのようにして包む。

材料(2人分)

ワンタンの皮………10枚

生ハム(3cm角に切ったもの)………10枚

ブルーチーズ………⅛カップ

A ┌ 小麦粉………大さじ1
  └ 水………大さじ⅔

揚げ油………適量

牛すじの煮込み

お湯割りでもすすりながら、
ほっこりと温まりたい

1　牛すじは、そのまま熱湯で3分ゆでて冷まし、細切りにする（写真a）。しょうがはせん切りに、長ねぎは5ミリ幅の小口切りにする。

2　鍋に牛すじ、だし、しょうがを入れ、煮汁がひたひたの状態を保つように水を足しながら煮る。牛すじが好みのやわらかさになったら、Aを入れて煮つめ、①の長ねぎを加えて（写真b）さっくりと混ぜ合わせ、火を止める。

3　器に盛って、好みで七味唐辛子をふる。

材料（2人分）
牛すじ………300g
しょうが………½片
長ねぎ………1本
だし………2カップ
A ┌ しょうゆ………大さじ2
　│ 砂糖………小さじ2
　└ 酒………大さじ3
七味唐辛子………適宜

細めに切ると火が通りやすく、味がよくしみる。

長ねぎは最後に加え、食感を残す。

白菜の中華風クリーム煮

材料（2人分）
白菜（小）………¼株
干し貝柱………4個
ブイヨン………2カップ
生クリーム………⅓カップ
塩、こしょう………各少々

白菜は、
とろとろになるまで
気長に煮る

1　白菜はざく切りにして、下ゆでし、水に放してざるに上げる。貝柱は水でもどしておく。
2　鍋に白菜と貝柱をもどし汁ごと入れ（写真）、ひたひたになるまで水を加え、弱火で30分ほど煮る。煮汁が少なくなったら、水を足して常にひたひたの状態を保つ。
3　ブイヨンを入れてさらに煮つめる。汁けがなくなったら生クリームを加えて、塩、こしょうで味をととのえる。

やわらかくなった貝柱は、
ほぐしながら入れる。

みぞれそば

たっぷりの大根おろしで
肝臓をいたわる

1　大根おろしは軽く水けを切る。

2　鍋にAを入れて煮立たせ、①を入れ、Bを加えてとろみをつける。

3　そばはたっぷりの湯でゆで、冷水に放してもみ洗いし、ざるに上げて水けを切る。ふたたび湯で温め、ざるに上げて湯を切り、器に盛る。②を注ぎ、黄柚子の皮を散らす。

材料(2人分)
そば(乾麺)………200g
大根おろし………⅓本分
A
- だし………3カップ
- 薄口しょうゆ………大さじ1½
- みりん………大さじ1
- 酒………大さじ1

B
- 片栗粉………大さじ1½
- 水………大さじ2

黄柚子の皮のすりおろし
………適量

芋がゆ

体の芯から温まる、
やさしい味わい

1 鍋にAを入れてひと煮立ちさせ、冷ます。
2 大和芋は皮をむいてすり鉢ですりおろし、卵、①の順に加え、すりこ木で当たりながら少しずつのばしていく。
3 熱々のおかゆをお椀に盛って、②をかけ、混ぜずにすくうようにして食べる。

材料（2人分）
大和芋………150g
全がゆ………2膳分
卵………½個
A
だし………1カップ弱
しょうゆ………大さじ3
酒………大さじ1

焼酎いろいろ

焼酎は、原料や製造法の違いから
甲類焼酎と乙類焼酎に分類されます。
甲類焼酎は、糖蜜などの糖質原料を
発酵させたものを
連続式蒸留機で蒸留して造られます。
香味成分や雑味、不純物が取り除かれ、
くせのない味わいが特徴です。
一方、乙類焼酎は米・麦・いもなどの
でんぷん質を麹で糖化して発酵させたものを
単式蒸留機で蒸留して造られます。
アルコール以外の香味成分や雑味も抽出され、
それが原料独特の香りや味わいになります。
ここでは、一般に本格焼酎とも呼ばれ、
種類豊富な乙類焼酎を簡単にご紹介しましょう。

麦

主原料は大麦。麦焼酎発祥の地である長崎県の壱岐島産のものは、仕込みに米麹を使い、昔ながらの常圧方式という製法で造られるため、香ばしく濃厚な味わいが楽しめると同時に、くせやにおいが強くなります。揚げものなどのこってりした肴に合います。もうひとつの一大生産地である大分県産の多くは、大麦麹を使って仕込みをし、減圧方式という製法で、原料の特性を残しながら雑味を取り除いて造られます。こちらは、すっきりと口当たりがよく、刺し身などの淡泊な肴が合います。

芋

主原料はさつまいも。一般的に米麹で仕込みます。独特の甘い香りとくせのある風味が特徴の鹿児島生まれの焼酎です。肉料理のほか、中華やイタリアンにもよく合います。伝統的なタイプは濃厚な香りと甘みが際立ち、好き嫌いが分かれやすい焼酎です。一方、新しいタイプは、香りも甘みもマイルドで飲みやすくなっています。ほかの焼酎がある程度の期間熟成されるのに対し、一般的に芋焼酎は新しいものがおいしいとされています。ぜひ、秋口に店頭に並ぶ新酒を選んでみてください。

米

米と米麹から造られる焼酎です。ルーツは、上質な米や水が豊富な熊本県人吉市を中心とする球磨盆地です。最近では清酒蔵が清酒製造の閑散期に米焼酎の蒸留をすることが増えており、全国各地で米焼酎が生産されるようになっています。米ならではのきりっとした飲み口がさわやかで、繊細な味わいの日本料理によく合います。伝統的なタイプは芳醇な米の香りとまろやかさが、新しいタイプは吟醸酒のような香りと深みが特徴です。くせが少ないので、比較的飲みやすい焼酎といえます。

黒糖

さとうきびを精製してできた黒糖を主原料とする焼酎です。ラム酒のように黒糖を発酵させて蒸留する酒類は焼酎とは異なる高税率となります。しかし、古くから奄美諸島の名産であった黒糖焼酎を存続させるため、麹を使用して仕込み、特定の地域でのみ生産することを前提に、焼酎として特別に認可されました。米麹を加えることが黒糖独特の甘い香りに軽い後味をもたらし、こくとキレを同時に楽しめるようになりました。伝統的なタイプは芋焼酎以上にくせがある一方、新しいタイプは軽やかでフルーティーです。こってりと甘辛い味つけの肴によく合います。

そば

そば焼酎は一九七三年に宮崎県で生まれた、比較的新しい焼酎です。現在では長野や北海道などのそばの産地を中心に生産されています。くせが少なく、そばのやわらかな甘みや香りが特徴的な焼酎で、よくロックで飲まれます。軽い口当たりなので、和洋問わず、さまざまな肴に合います。このほか、そば焼酎特有の飲み方として、そば湯割りがあり、そばの香りを存分に味わえると評判です。また、そばに含まれるルチンにさまざまな健康効果があるとされ、注目を集めています。

泡盛

タイ米を原料とする沖縄の伝統的な蒸留酒です。他の焼酎がまず麹を発酵させ、そこへ主原料を投入して二次発酵を行うのに対して、泡盛は黒麹菌をタイ米につけて発酵させ、それをそのまま蒸留する一段階の全麹仕込みという手法が用いられます。このため、独特の芳醇なこくと香りが生まれます。また、古酒が珍重されているように、年月を経るほど味が熟成されていくのも泡盛の特徴といえるでしょう。沖縄料理はもちろん、タイやベトナムなどのエスニック料理との相性も抜群です。

おいしい飲み方指南

ストレート

焼酎本来の味や香りをしっかりと味わいたいときにおすすめです。小さめのグラスに注ぎ、ちびちびとやるのがいいですね。上等な焼酎が手に入ったら、まず一杯はストレートで飲んでみては。本物の味が、文字どおりストレートに伝わってきます。こくや香りが深い焼酎は常温で、軽めのフルーティーな焼酎は冷蔵庫で冷やして飲むとよいでしょう。ある程度お酒の強い人向きです。

ロック

グラスに大きめの氷をいくつか入れ、氷の上から焼酎を注ぎます。口に含むと、ひんやりと穏やかに焼酎の味が広がります。ストレートのような飲み始めから、水割りのような飲み終わりまで、一杯で味の変化が楽しめます。香りが抑えられるので、初心者でも飲みやすいうえ、どんな料理にもよく合います。焼酎の味を損なわないためにも、氷はミネラルウォーターで作ったものや市販品を使いましょう。

水割り

焼酎を入れた酒器に、水を注ぎます。氷は入れず、焼酎、水ともに冷やしておきます。水は、ミネラルウォーターを使うことをおすすめします。できれば軟水がよいでしょう。水割りは、お湯割りに比べ、香りがやわらかいので、すっきり飲みたいときにおすすめです。焼酎と水の割合は「6対4」、「5対5」がオーソドックスですが、銘柄や好みによって変えてもよいでしょう。また、焼酎は水を加えることで違った飲み口になるので、一杯目はロック、二杯目は水割り、という具合に杯を重ねて、その違いを楽しんでみては。

じっくりと手塩にかけて
造られた焼酎であれ、
気軽に飲める焼酎であれ、
どうせならおいしく飲みたい。
こう思うのが飲兵衛の性というもの。
とはいえ、焼酎には、これでなければ、
という決まりはありません。
自分の好みに合った飲み方を
見つけてみてはいかがでしょうか。

お湯割り

あらかじめ湯を入れた酒器に焼酎を注ぎます。先に湯を入れることで、まろやかな味わいになります。焼酎は、温められると独特の香りが立ってくるので、香りを楽しみたいときにおすすめです。逆に、強い香りが気になる人は避けたほうがよいでしょう。水割りと同様、焼酎と湯の割合は「6対4」、「5対5」が基本ですが好みでかまいません。こくやうまみをじっくり味わうのに適した飲み方といえます。湯は、80度を目安に用意すると、焼酎を入れたときにほどよい温度になります。

割り水

芋焼酎を味わうときによく用いられる飲み方。焼酎に水を入れて一日か二日おきます。割合は水割りと同じと考えてよいでしょう。一晩寝かせると焼酎の角が取れて水となじみ、丸みのある香りと味わいになります。鹿児島ではごく一般的ですが、全国的にはそれほど知られていないようです。ひと手間かかりますが、芋焼酎以外の焼酎にも合う飲み方なので、覚えておくと便利です。

燗

あらかじめ割り水しておいたものに燗をつけて飲みます。割り水と同様、鹿児島では芋焼酎が中心ですが、あらゆる焼酎で応用できます。「黒ぢょか」などの焼酎専用の酒器があると直火で温められますが、日本酒用の徳利を使って湯で温めてもかまいません。あまり熱々にせず、ぬるめをいただくのがよいでしょう。繊細でふくよかな口当たりが後をひき、身も心もほぐれます。

酒器のはなし

沖縄の「カラカラ」、鹿児島の「黒ぢょか」、熊本の「ガラ」……。日本各地にさまざまな焼酎の銘柄があるように、焼酎の器にも、地方によっていろいろな種類があります。ときにはこだわって、焼酎用の酒器を使うのもいいのかもしれませんが、堅苦しくなく気軽に飲めるのが焼酎の魅力です。ですから、酒器も難しく考えず、自分が心地よく使えるものを選ぶのがいちばん。お気に入りの器を使うと料理がおいしくなるのと同じで、自分と相性のよい酒器で飲めば、お酒もすすみます。気心の知れた仲間と、恋人と、家族と、ときにはひとりで。せっかく晩酌をするのですから、身構えずに気楽に、おいしいお酒が飲めればこれに越したことはありません。

わたしは、焼酎を飲むときは、手になじみやすく口に当たる感じが自然なものを使うようにしています。飲み心地のよいものなら、日本酒のおちょこであれ、ウイスキーのショットグラスであれ、湯飲みであれ、おかまいなし。夏はうすはりのグラスでロック、冬は粉引きのカップでお湯割り、というように季節によって酒器を替えるのもいいですね。きりっとした辛口の焼酎には薄手のもの、どっしりと濃厚な香りの焼酎には厚めの無骨なもの、といった具合に選ぶのも酒器の楽しみのひとつです。

また、焼酎がちょっと辛いな、と感じたら焼き締めの酒器を使うと、まろやかな味わいになります。

とはいえ、お酒がたくさん入る大きな酒器も捨てがたい。飲兵衛にとって、大きなグラスになみなみと注がれた焼酎は、幸せの象徴のようなものなのです。

つまみ索引

◎とりあえず
穴子のうざくもどき……34
エシャレットの浅漬け……40
かきの辛煮……68
白子のみそ漬け……69
ズッキーニの甘酢漬け……38
トマトのコンソメゼリー寄せ……30
なすの洋風浅漬け……48
もずく入り菊なます……49
和風とろろユッケ……14

◎お造り
あじのなめろう……51
かつおのカルパッチョ……20
すずきの切り昆布じめ……35
ほたてのタルタル柚子こしょう風味……16

◎和えもの・サラダ
アボカドとかぶの葉の和えもの……9
クレソンのごまサラダ……28
小松菜のからし和え……72
新たまねぎのシンプルサラダ……21
たたき長芋の梅昆布和え……39
チコリの木の芽和え……12
肉みその野菜スティック添え……36

たけのことあさりのバター炒め……18
ホットオイルサーディン……58
ゆり根のしょうゆ炒め……71
渡りがにの中華炒め……74

◎揚げもの
いかだんごの素揚げ……59
砂肝のみそ漬け揚げ……19
タイ風さつま揚げ……42
鶏のこだわりから揚げ……40
豚ひき肉の品川巻き……50
ブルーチーズと生ハムの包み揚げ……80

◎煮もの
うどの白煮……10
牛すじの煮込み……82
黒豚ばら肉と大根のみそ煮……60
ごぼうの梅煮……64
里芋といかのわた煮……72
白菜の中華風クリーム煮……84
ラフテー……76

◎蒸しもの
鮭のレタス包み蒸し……52
たこのバター蒸し……32

◎焼きもの
しいたけの網焼き……55
たらの芽のみそ焼き……8
チヂミ……56
長芋のチーズ焼き……54

◎炒めもの
うどの皮のきんぴら……10
じゃがいものアンチョビー炒め……78
ジャンボピーマンの牛肉巻き……33
即席からしれんこん……70

蒸し豚のトマトソース……22

◎ご飯・麺
芋がゆ……87
梅じそのせ揚げそうめん汁……44
黄にらのチャーハン……24
きのこめし……64
冷やしごまだれうどん……25
冷や汁……45
ほうとう……62
みぞれそば……86

福山秀子　ふくやま・ひでこ
料理研究家。広島生まれ。
18歳で上京し「無名塾」で演技を学ぶ。
その傍らで仲代達矢さんの妻、
故・宮崎恭子さんの実母で料理名人と評判の
巴さんに料理全般の手ほどきを受け、
9年間にわたって仲代家の食事を作り続けた。
その後、自宅で料理教室を主宰し、
現在はテレビや雑誌でも活躍。
野菜を中心とした家庭料理が得意。
自身のお酒好きに加え、日々、友人たちが
お酒を飲みに訪れるという環境のなかで
生まれたおつまみには説得力がある。
著書に『ごま、みそ、酢　おかず、ときどき肴』
（文化出版局）ほか。

撮影
鈴木正美

アートディレクション
山口信博
デザイン
山口美登利・川添　藍

校正
安久都淳子

調理アシスタント
三沢一世

器協力
うつわ楓
電話　03-3402-8110
49ページの平皿・55ページの中央の皿

参考文献
『本格焼酎を究める』（青春出版社）
『本格焼酎を愉しむ』（光文社）
『本格焼酎を楽しむ事典』（西東社）

焼酎のつまみ

平成18年10月1日　第1版発行

著者　福山秀子
発行者　山本昌之
発行所　社団法人 家の光協会
〒162-8448
東京都新宿区市谷船河原町11
販売　03-3266-9029
編集　03-3266-9028
振替　00150-1-4724
印刷　株式会社東京印書館
製本　株式会社関山製本社

乱丁・落丁本はお取り替えいたします。
定価はカバーに表示してあります。

ISBN4-259-56157-X C0077